좋은 문장을 따라 쓰는 일은 생각보다 오래 마음에 머뭅니다. 짧은 문장 하나가 시간을 멈추고, 잠시 잊고 지냈던 내 목소리를 다시 들려주기도 하지요.

이 책은 그런 순간을 조금 더 가까이 두고자 만들었습니다. 천천히 쓰는 동안 마음이 자연스레 정리되고 어떤 날에는 위로가, 어떤 날에는 용기가 스며들기를 바랍니다.

부디 당신의 하루에 작은 숨을 고르는 공간이 되어주길 바랍니다.

디자인 노세희

오늘도, 마음 한 줄 문장 필사

하루 끝,
나에게 건네는
작은 위로

오늘도,
마음 한 줄
문장 필사

편집부 엮음

상상출판

필사를 시작하며

이 책을 펼친 지금, 당신은 이미 '시작'하고 있습니다.
필사를 시작하며 내 자신에게 짧은 편지를 써보세요.
요즘의 나에게 해주고 싶은 말, 지켜주고 싶은 마음
그리고 지금 이 노트를 쓰게 된 이유를 담아도 좋습니다.

조금은 서툴러도 괜찮습니다.
이 순간의 마음을 솔직히 적어보는 것
그것만으로도 이미 충분히 아름다운 시작입니다.

들어가는 말

잠시 멈추고, 나에게로 돌아가는 시간

하루를 끝내고 돌아보면 마음 한편이 허전할 때가 있다. 분명 열심히 살았는데도 무엇을 위해 그렇게 바쁘게 움직였는지 잘 떠오르지 않는 날이 있다. 해야 할 일에 밀려 마음을 돌볼 틈을 잃어버리면 삶은 금세 무게를 더한다. 그래서 잠시 멈춰 글자를 한 획씩 써 내려가는 시간은 생각보다 큰 의미를 가진다. 누군가의 문장을 따라 적는 짧은 순간 동안 생각은 정리되고 마음은 차분해진다. 손끝을 통해 문장이 몸에 스며들고 그 문장은 어느새 나의 생각이 된다.

이 책은 삶과 사유라는 두 갈래의 길을 따라 천천히 걸어보자는 제안이다. '삶'의 장에서는 일상 속에서 놓치기 쉬운 순간들을 비춰본다. 빨래를 널어두는 작은 습관, 공원에서의 짧은 산책, 취향을 찾아가는 과정, 여행에서 발견한 시간의 결. 거창한 사건이 아니어도 우리의 삶은 매일 작게 움직이고 있었다는 사실을 다시 깨닫게 한다. 나를 돌보고 오늘을 가꾸는 일이 곧 삶을 단단하게 만드는 과정임을 보여준다.

'사유'의 장에서는 내면을 향해 조용히 질문을 건넨다. 완벽해지고 싶은 마음을 어떻게 다뤄야 하는지, 관계 속에서 나를 잃지 않기 위해 어떤 태도가 필요한지, 한 번 지나간 감정들을 어떻게 받아들일지, 지금 내 삶의 속도는 나에게 맞는지. 정답을 제시하는 대신 각자의 속도와 마음을 스스로 점검할 수 있는 사유의 공간을 건넨다. 한 문장을 쓰고 또 한 문장을 쓰는 동안 관점이 조금씩 확장되고 마음의 중심이 잡히는 경험을 하게 될 것이다.

이 책은 정답을 알려주는 안내서가 아니다. 이미 '잘 살아내고 있는 당신'에게 잠시 숨을 고르고 스스로의 속도를 확인할 수 있는 시간을 건네고 싶다. 필사라는 가장 단순한 행위 속에서도 생각은 확장되고 마음은 단단해진다. 페이지를 채울수록 글자는 기록이 되고 기록은 곧 당신의 이야기로 쌓인다. 책을 다 채운 뒤에는 분명 시작할 때와 다른 시선으로 자신을 바라보게 될 것이다.

바쁜 하루에도 나를 놓치지 않기 위해 이 책을 펼쳐보길 바란다. 짧은 문장을 적고 한 줄의 생각을 더하는 이 시간이 결국 오늘의 나를 어제보다 조금 더 깊고 단단한 사람으로 만들어줄 것이다. 그리고 언젠가 다시 이 페이지들을 펼쳐보는 날, 그동안의 변화와 성장의 흔적이 당신을 미소 짓게 하길 진심으로 바란다.

차례

들어가는 말 … 006

삶

나를 조금 더 돌봐주며

나에게 편지를 쓰는 마음으로 … 014　자연이 좋아서 … 016　나는 분위기를 사랑해 … 018　여기가 아닌 다른 곳에서 … 020　정갈하게 다듬는 생활 … 022　작고 재미나고 소박한 삶 … 024　다른 시간을 만나려거든 여행하라 … 026　여행이 아니었다면 눈을 질끈 감는다 … 028　즐거워야죠 … 030　우리가 슬펐던, 딱 그만큼 … 032　당신의 청춘은 언제였나요 … 034　어부가 아침을 시작하고 있었다 … 036　없는 게 취향입니다 … 038

산뜻하고 경쾌하게 … 040　제멋대로 산다 … 042　가벼운 저녁 식사 … 044　건강한 마음과 일상을 갖는 일 … 046　나의 탄생화 … 048　기록 … 050　추억은 엽서처럼 … 052　새싹 … 054　상상력 … 056　성장의 수순 … 058　동화 … 060　놓아 놓아 … 062　장점 … 064　그림의 문법, 삶의 레시피 … 066　축축 눅눅한 것들은 널어 버려요 … 068　두 팔 벌려 동그라미를 그려봐 … 070　의도적으로 사랑하라 … 072

뜨거운 여름밤은 가고 남은 건 나뿐이지만 … *074*   호시절을 향해 … *076*   나만의 오늘을 만들기 위하여 … *078*   편해, 네가 … *080*   시월의 어느 날 … *082*   아무것도 안하고 쉴 때 더 우울해 … *084*   누구보다 나는 나를 더 사랑해야 해 … *086*   이 사람 저 사람 말은 듣기만 합시다 … *088*   그래서, 갑상선암이니? … *090*   누구나 한 번쯤 계단에서 울지 … *092*   강의 킬러의 탄생 … *094*   취향이 없는 여행자 … *096*   당신의 득남 소식이 들리던 … *098*

여행은 여행이다 … *100*   어쩌면 일어날지도 몰라, 기적 … *102*   작은 것들의 신 … *104*   프로크루스테스의 체크 리스트 … *106*   미워하기 좋다고 미워하나요? … *108*   사랑에 목매는 스스로가 버거운 당신에게 … *110*   타이틀이 필요하나 … *112*   돌아온 나의 산 … *114*   고통 속에서도 행복을 그리다 … *116*   미디어 속 비혼과 결혼 사이 … *118*   작은 물줄기가 모여 대해를 이룬다 … *120*   적어도 두 번은 멀리 떠나야 할 여행 … *122*

다름을 문제 삼지 않는다 … *124*   스코틀랜드의 양으로 살고 싶어 … *126*   여행의 물건들 … *128*   함께 보고 싶었던 바닷가 … *130*   우리에겐 숲이 있어요 … *132*   이 순간을 붙잡기 위해 … *134*   세계 여행자란 단어의 충격 … *136*   인도 … *138*   나 전시장 … *140*   이태원 클라쓰 … *142*   노곤노곤 흐물흐물 … *144*   세상의 끝 … *146*   플로이엔 전망대 … *148*   여행이란 … *150*

차례

사유

깊은 내면으로의 항해

완벽해지고 싶은 마음에 사로잡혔다면 ⋯ *154*   경험치가 쌓여야 보이는 것이 있다 ⋯ *156*   오늘 하루를 쌓는 일에 집중할 것 ⋯ *158*   자존감의 높낮이가 좋고 나쁨을 뜻하진 않는다 ⋯ *160*   당신은 우울한 감정을 소화할 수 있다 ⋯ *162*   관계의 중심에서 존재를 외치다 ⋯ *164*   충분히 다정하고, 언제나 상냥할 것 ⋯ *166*   나, 이거 좋아하는 사람이었네 ⋯ *168*   예민함을 자양분 삼아 성장할 것 ⋯ *170*   혼자일 때도 함께일 때도 괜찮은 사람 ⋯ *172*

남들이 뭐라 하든 나의 길을 간다 ⋯ *174*   잘 살기 위해선 고집이 필요하다 ⋯ *176*   오늘 우리가 놓치지 말아야 할 것들 ⋯ *178*   잠룡의 시기, 아직은 은둔이 필요하다 ⋯ *180*   아직 비로 내리지 못한 구름 ⋯ *182*   아름답다 말하면 사람들이 모인다 ⋯ *184*   맑은 샘물로 우물을 채운다 ⋯ *186*   마음을 비우고 작은 것을 사랑하기 ⋯ *188*   처음의 약속은 끝까지 지킨다 ⋯ *190*   크게 이루려는 자는 때를 기다린다 ⋯ *192*

변할 것인가 만족하고 살아갈 것인가 … 194 정상은 하나이나 도달하는 길은 여러 개 … 196 아침 샘물은 산에게 조언을 구한다 … 198 진정으로 사랑에 빠진 적이 한 번도 없다면 … 200 래스팅 시간을 주기로 해 … 202 사람은 누구나 힘든 시기가 있다 … 204 의지와 믿음만 있다면 … 206 행복은 언제나 가까이에 있다 … 208 인생에 지름길은 없다 … 210 떠나보낼 수 있는 용기 … 212 행복해지는 연습 … 214

인생의 스승을 만나면 운명이 바뀐다 … 216 불안이 필요한 사람 … 218 나의 모든 감정을 받아들이기 … 220 나다움 … 222 사람이 준 상처가 사람으로 아물 때 … 224 짭짤하게 일할래요 … 226 쾌락주의자의 고백 … 228 남에게 열등감을 느끼는 자신이 미운가요? … 230 사람들 앞에서 실수할까 봐 늘 노심초사입니다 … 232 껄끄러운 사람과도 잘 지내고 싶어요 … 234 실행력을 높이고 싶나요? … 236 실패를 극복하고 싶나요? … 238

문제가 생겼을 때 긍정적으로 대처하고 싶어요 … 240 나 자신이 못나 보이나요? … 242 부자 갈등, 다름을 인정하세요 … 244 마침내 발견할 당신의 '빛'을 놓지 마세요 … 246 무사한 행복은 어디에서 비롯되는가 … 248 질투심에 상대방이 망하길 바란다면 … 250 열등감 사용법 … 252 아무것도 극복하지 마세요 … 254 지금 '너'에게 가고 있어 … 256 가장 거짓되고 가장 진실된 … 258

삶

나를
　　조금 더
　돌봐주며

나에게 편지를 쓰는 마음으로

기록하는 건 정말 위로가 된다. 세상에 나 혼자뿐이라고 느껴지는 외로운 날, 과거의 내가 쓴 일기를 펼쳐 본다. 미래의 나를 위해 힘든 일도 꾹 참는 나, 뭐라도 해 보겠다고 망망대해에서 노를 젓는 나, 바보 같은 나를 믿어 주는 내가 그 속에 있다. 과거의 내가 지금의 나를 응원하는 소리를 듣고 있으면 뭐든 다시 해 볼 수 있을 것 같다.

『취향껏 살고 있습니다』, 지은

자연이 좋아서

내게 자연은 오롯이 자기 자신으로 존재하는 멋진 어른과도 같다. 누굴 가르치려 들지 않지만 자신의 모습을 통해 깨달음을 주는 어른, 그 커다란 존재만으로도 위로가 되는 어른, 할 일을 묵묵히 그리고 반드시 해내는 어른이었다. 멋진 어른의 품 안에서 나는 잠시 어린아이가 되어도 괜찮았다. 예쁜 나뭇잎을 줍고 다람쥐를 반가워하고 가슴을 부풀리며 숲 내음을 맡다 보면 어느새 마음이 평온해졌다.

『취향껏 살고 있습니다』, 지은

나는 분위기를 사랑해

나이가 든다는 건, 누가 마법처럼 내 하루를 바꿔 주지 않는다는 걸 깨닫게 되는 일인지도 모르겠다. 가끔 우연히 마법 같은 일이 생기기도 하지만 나의 소중한 추억 대부분은 스스로 몸을 움직여 얻은 결과였다. 나의 하루가 특별해지길 바란다면, 특별한 일을 계획해 보자. 내가 만든 분위기 있는 순간이 모여 낭만적인 삶이 된다고 믿는다.

『취향껏 살고 있습니다』, 지은

삶 | 나를 조금 더 돌봐주며

여기가 아닌 다른 곳에서

좋아하는 곳에서 4년째 사는 지금, 나는 선명히 알겠다.
부초처럼 떠 있던 마음이 한곳에 뿌리내리는 기쁨을.
지금껏 내가 살아온 삶에 괄목할 만한 성취 따위는 없었을지
모르지만, 적어도 내가 처한 환경에 안주하지는 않았다.
불행하다고 느껴질 때마다 희미한 빛이 보이는 방향으로
한 걸음씩 걸어왔다.

『취향껏 살고 있습니다』, 지은

정갈하게 다듬는 생활

'나를 사랑하려면 나를 있는 그대로 인정해야 한다고? 아, 그건 너무 어렵잖아.'
그렇게 생각했는데, 내 생활을 다듬는 일도 나를 사랑해 주는 일이었다니. 제철 음식을 챙겨 먹고, 내가 머무를 집 안을 청소하고, 침구를 자주 교체하고, 모처럼 장만한 귀여운 소품을 어디에 배치할까 고민해 보는 그런 작은 일들이 결국 행복해지기 위한 노력이자 나를 사랑하는 방법이었다.

「취향껏 살고 있습니다」, 지은

작고 재미나고 소박한 삶

하루는 출근하다가 길 건너편에 햇살을 받아 반짝이는 은행나무를 보게 되었다. 계절이 오는지 가는지도 모르고 살다 보니 은행나무가 노랗게 물든 줄도 모르고 있었다. 버스 정류장으로 달려가며 문득 그런 생각을 했다. 아무 생각 없이 은행나무 옆에 앉아 볕을 쬐고 싶다고. 동네를 걸으며 계절의 변화를 느끼고 싶다고.

「취향껏 살고 있습니다」, 지은

다른 시간을 만나려거든 여행하라

여행은 새로운 공간과 장소를 만나는 일이지만 새로운 시간과 조우하는 일이기도 하다. 공간의 새로움이 아닌 시간의 새로움을 느끼는 일. 길 위에서 우리는 우리의 과거를 돌이켜 보고 현재를 성찰하고 미래를 가늠한다.

그래서 여행은 당신을
여행을 떠나기 전의 당신과
조금은 다른 사람으로 만들어 버린다.

『오래전부터 이렇게 말하고 싶었어』, 최갑수

여행이 아니었다면 눈을 질끈 감는다

내가 지나왔던 길들,
나에게 어깨를 빌려주었던 당신들이며
나에게 그늘을 만들어 주었던 나무들이며
내 귓전에 음악처럼 머물렀던 강물 소리
호이안의 골목을 부르렁거리던 오토바이 소리를 떠올리면
아직도 가슴이 뛴다.

우리는 우연히 서로에게 닿았지만
어쩌면 우리의 우연은 영원일지도 몰라.

여행이 아니었다면
아, 정말로 여행이 아니었다면
나는 어떻게 그리워하는 것들을 만들 수 있었을까.

「오래전부터 이렇게 말하고 싶었어」, 최갑수

즐거워야죠

즐기지 않으면 무의미해요.
인생도 여행도.

다행히 세상은 흥미진진한 일들로 가득해서
우리가 찾으려고 하면 얼마든 찾을 수 있죠.

즐기기 위해 두리번거리고 기웃거릴 것,
그리고 상상할 것.

즐기고 싶다면 내일이 아니라 오늘을
지금을 좀 더 즐기는 게 좋겠어요.

「오래전부터 이렇게 말하고 싶었어」, 최갑수

우리가 슬펐던, 딱 그만큼

기쁜 순간보다는 슬픈 순간이 더 많은 것 같다.
행복한 순간보다는 아픈 순간이 더 많은 것 같다.
만나는 사람보다는 떠나보내는 사람이 더 많은 것 같다.
강물은 흘러 '오지' 않는다.
강물은 언제나 흘러 '간다'.
여행이나…
인생이나…
하지만 어쩔 수 없다.
힘을 내는 수밖에는.

누군가 그랬다. 우리가 슬펐던 만큼,
아팠던 만큼, 딱 그만큼
용기를 가질 수 있다고.

「오래전부터 이렇게 말하고 싶었어」, 최갑수

당신의 청춘은 언제였나요

내가 두려운 건 아무것도 해보지 않고 시간을 보내는 것이다.
이루고 달성하고 성공하라는 뜻이 아니다.
시도조차 하지 않는 것. 그건 어쩔 수 없는 일이 아니다.
오히려 어리석은 일이다.

하지 않는 것보다는 하는 것이,
믿지 않는 것보다는 믿는 것이 좋다.

「오래전부터 이렇게 말하고 싶었어」, 최갑수

어부가 아침을 시작하고 있었다

이른 새벽이었다. 어부는 호수를 향해 그물을 던졌고 호수에는 잔잔한 파문이 일어났다. 그물을 던지고 얼마 후 어부는 느린 동작으로 그물을 걷어 올리기 시작했다. 그의 동작은 마치 수도승이 기도하는 것처럼 경건하면서 엄숙했다. 하지만 그가 걷어 올린 그물에는 물고기 한 마리도 걸려 있지 않았다. 어부는 다시 호수를 향해 그물을 던졌다. 호수 저편에서 부드러운 바람이 불어왔고 어부는 호수에 일렁이는 물결을 바라보며 미소 지었다. 그 미소는 오랜 세월 이 호수에서 물고기를 잡은 사람만이 만들어 낼 수 있는 미소였고, 호수가 필요한 만큼 물고기를 허락한다는 것을 이미 알고 있는 미소였다. 어부는 다시 그물을 던졌고 그 순간, 멀리서 물새 몇 마리가 날개를 치며 날아올랐다. 아침이 시작되려 하고 있었다.

『오래전부터 이렇게 말하고 싶었어』, 최갑수

없는 게 취향입니다

유행하는 물건으로만 채운 집도 있다. 하지만 유행을 따라가는 게 꼭 나쁜 것이라고만은 생각하지 않는다. 그렇게 하나씩 채워보면서 자신의 취향을 찾게 될 테니까. 취향을 알기 위해서는 유행을 염탐하는 과정이 필요하다. 직접 구입해서 사용해 보지 않으면 알 수 없는 것들이 많다. 인테리어뿐 아니라 여타 분야에서도 해당되는 이야기다. 그렇게 하나씩 경험하면서 자신의 취향과 기호를 찾게 된다.

「내가 잘 지내면 좋겠어요」, 에린남

산뜻하고 경쾌하게

의도한 것은 아니었지만 머리가 복잡해질 때면 가만히 종이를 바라보게 되었다. 눈에 보이는 글자를 천천히 따라 읽는 것만으로도 머리가 가벼워졌다. 마음이 시끄러울 때도, 일이 잘 풀리지 않을 때도 마찬가지였다. 실제로 입 밖으로 읊조리거나 머릿속으로 몇 번이고 반복해 되뇌기도 했다. 고작 그것뿐이었는데 그 말은 때때로 나에게 해결책이 되었다. 가야 할 방향을 알려주었다.

『내가 잘 지내면 좋겠어요』, 에린남

제멋대로 산다

제멋대로 살고 있다고 해서 나를 방관한 것은 아니다. 나는 나에게 소홀하지 않았고, 내가 잘되기를 누구보다 바라며 자신에게 성실하기 위해 노력한다. 내가 하는 말을 듣고 내가 원하는 것을 얻기 위해 예민해진다. 오히려 제멋대로 살기 위해 지금 더 애쓰고 있는 것은 아닐까?

『내가 잘 지내면 좋겠어요』, 에린남

가벼운 저녁 식사

어느 순간부터 가벼운 것들을 좋아하게 되었다. 가벼운 마음을 갖는 것, 가벼운 삶을 살도록 노력하는 일이 좋다. 가볍다는 말은 한없이 가볍게 느껴지지만 중요한 것에 집중하게 하는 마음이 가득 담겨 있다. 가벼운 것들을 더 늘려가고 싶다.

『내가 잘 지내면 좋겠어요』, 에린남

건강한 마음과 일상을 갖는 일

당연하고 사소한 일은 일상을 가꾸고 돌보며 유지하도록 도와준다. 그렇게 만들어진 하루가 내가 살아가는 모든 순간에 든든한 뿌리가 된다. 그 뿌리를 돌보는 일을 중요한 일로 여기게 되었다. 내가 돌보는 시간 동안 단단해진 뿌리는 결국 내가 하는 일과 해야 할 일에 힘을 보탰다. 건강한 마음과 일상은 내가 가꾼 시간에서 시작해 회복된다. 그걸 알게 된 이상 일상을 소홀히 할 수 없다.

「내가 잘 지내면 좋겠어요」, 에린남

나의 탄생화

꽃에 신경을 쓰고, 자주 들여다보니 자연스럽게 꽃이 좋아졌다. 내가 본 꽃들의 이름이 무엇인지와는 상관이 없었다. 누가 시키지 않아도 알아서 피고 지는 꽃의 존재로 오고 가는 계절이 더 애틋하게 느껴졌고, 그들 덕분에 어떤 계절이 더 애틋해졌다. 꽃에는 그런 힘이 있었다.

「내가 잘 지내면 좋겠어요」, 에린남

기록

나는 기록한다
내 변화의 순간들을
누군가는 사진으로, 그림으로, 음악으로
자신만의 순간을 기록한다
나중에 다시 꺼내 먹으려고
기억은 멀어지지만 기록은 멀어지지 않는다
우리는 남아 계속된다
나는 당신을 기록한다
언제든 꺼내 볼 수 있게

『사랑하게 될 줄 알았어』, 천지혜

추억은 엽서처럼

평범하게만 느껴졌던 순간이
내 삶을 바꾸기도 한다
한 장의 엽서처럼 두고두고 남아
곱씹고 되뇌며 꺼내어 보게 되는 것
그 그리움이 바로 추억이다

한 장의 엽서로 남은 날들을 떠올리면
때로는 입꼬리가 올라가고
때로는 코끝이 시큰해지고
때로는 사무치게 그리워지며
딱딱했던 감정이 말랑해지고
차가웠던 머리가 따스해진다

「사랑하게 될 줄 알았어」, 천지혜

새싹

잡초를 뽑아 아무렇게나 모아둔 곳에서
다시 피어나는 푸른 잎을 보았다
그 순간 잡초는 잡초라는 이름을 탈피하여
새싹이라는 귀여운 이름으로 나에게 왔다

내가 애쓰지 않아도
무언가 피어나고 있다는 사실은
나를 얼마나 충만하게 만드는가

「사랑하게 될 줄 알았어」, 천지혜

상상력

행복의 절반은 상상력에 기대어 있다
나에게 일어날 기쁨들을 상상해 보자
할 수 있는 한 오래 떠올려 구체화하자
어떤 것이 나를 행복하게 할 수 있는지 떠올린다면
꼼꼼하고 정확히 묘사할 수 있다면
기꺼이 그 행복에 가까워질 수도 있는 법이다
간절히 바라면 이룰 방법을 알게 되거든
상상은 기어코 현실이 된다

「사랑하게 될 줄 알았어」, 천지혜

성장의 수순

우리는 앞서거니 뒤서거니 하면서 걸었다
정해진 수순이라는 것이 있을까 싶지만
그 평범한 수순을 밟기 위해 애쓰며
누군가는 가정을 꾸리고 누군가는 승진을 했다
평범하기란 참 어려운 일이었다

그 수순들이 나에게 남긴 깨달음은 명료했다
나만의 신념에 있어서는 흔들리지 않아야 한다
굳건할 수 있어야 한다
세상의 중심은 바로 나라고

「사랑하게 될 줄 알았어」, 천지혜

동화

부정적 감정을 부정한다
애정이 깃든 것들을 애정한다
다정한 말에 다정해진다
무심한 표정에 무심해진다
차가운 사람에게 차가워진다
친절함 앞에서 친절해진다
상냥한 물음에 대답이 상냥해진다

상대가 울면 따라 울게 된다
상대가 웃으면 따라 웃게 된다
나는 맞은편에 쉽게 동화된다

그러니 우리는 좋은 것들만 주고받아야 한다

「사랑하게 될 줄 알았어」, 천지혜

놓아 놓아

가득 앓고 난 뒤 시간이 흘러 다시 돌아보면
내가 무엇 때문에 그렇게 힘들어했는지
도저히 이유가 떠오르지 않았다
몇 날 며칠을 끙끙대며 아파했더라도
우리는 시간의 힘에 기대어 달아날 수 있다
지나고 나면 기억에서조차 지워질 것이다
흔적도 없이

『사랑하게 될 줄 알았어』, 천지혜

장점

"너무 즐거워서 요즘, 그림 그리는 것뿐 아니라 사는 것까지 즐거워요."
사소한 것 하나까지 즐겁다는 피드백에 내 기분도 좋아졌다. 스치듯 내뱉은 말을 들은 사람은 두고두고 기억할 수도 있다. 그림에서 찾아낸 작은 장점 하나가 일상까지 즐겁게 만들 수도 있다.

「꼭 재밌는 일이 일어날 것만 같아」, 아방

그림의 문법, 삶의 레시피

어떻게 그리고 싶은지에 대한 고민은 한 번도 빠짐없이
어떻게 살고 싶은가? 어떤 사람이 되고 싶은가? 라는 질문으로
연결된다. 고로 작품을 하려면 내 삶을 잘 알아야 한다. 삶의
방향이 작품의 방향이 되고 삶의 색깔이 작품의 색깔이 된다.
흔들릴 때마다 허튼 길로 빠지지 않도록 만든 나만의 문법은
그림 그리다가 갈팡질팡할 때도 지지대를 똑바로 세워 준다.

「꼭 재밌는 일이 일어날 것만 같아」, 아방

축축 눅눅한 것들은 널어버려요

세탁기의 노랫소리와 함께 빨래가 끝나면 하나씩 건져 올려 건조대에 넌다. 빨래하는 단계 중에 가장 좋아하는 순간이다. 괴로웠던 일들 한 번 털고, 잊고 싶었던 일들 툭툭 두 번 털어 건조대에 쫙쫙 펴서 올려놓기도 하고, 조심스럽게 옷걸이에 걸어 놓기도 한다.

「이십팔 독립선언」, 강세영

두 팔 벌려 동그라미를 그려봐

나 자신도 내가 답답해 울타리를 깨보려 망치질을 하다가도
모든 게 다 무너져버릴까 금방 멈췄었다. 나란 인간은 한번
갇힌 원 안에서 도무지 벗어나지 못한다는 걸 파악한 후로는
원을 조금씩 넓혀보기로 했다. 원 밖에 있는 사람들을 만나고,
다양한 사건을 접하면서 소극적인 꿈틀거림이 단순한
뒤척임으로 끝나지 않길 바랐다.

「이십팔 독립선언」, 강세영

의도적으로 사랑하라

'좋아하는 일을 하세요. 그리고 시작했으면 그 일을
좋아하세요'라는 말 안에 모든 것이 담겨있다.
미웠던 일과 깨져갔던 신뢰는 모두 한때의 추억으로
지나갔지만, 집에 붙여놨던 그 문구는 떼어내지 않았다.
사랑하려 애쓰는 마음이 되게 더 자랑스럽다. 진심을 다해
좋아하려 하는 게 더 멋있다는 생각이다. 사랑도 의도적으로
마음먹으면 가능한 거였다.

「이십팔 독립선언」, 강세영

뜨거운 여름밤은 가고 남은 건 나뿐이지만

여름을 같이 보낸다는 건 땀으로 축축이 젖은 티셔츠가 예뻐 보이고, 찐득해진 살결을 맞닿아도 사랑한다고 말할 수 있는 것이다. 어느 여름밤, 허름했던 놀이공원 회전목마 앞에 앉아 좋아한다고 고백했던, 그렇게 다시 여름밤이 찾아왔다.

『제주는 잘 있습니다』, 엄지사진관

호시절을 향해

돌이켜보면 호시절이라 생각했던 순간들마다 내게는
한 페이지가 되었다. 후에 한 권의 책이 되었을 때 예쁘게 접힌
페이지를 만나게 되지 않을까. 오늘도 호시절을 향해.
누가 뭐라 해도, 최선을 다했다.

「제주는 잘 있습니다」, 엄지사진관

나만의 오늘을 만들기 위하여

적어도 내가 행복해지길 바란다. 내가 하고 있는 일에 미흡함이 없는 전문가가 되기를 바란다. 그래도 가끔은 나도 엇나가고 싶다. 당장 오늘 끝내야 하는 일이 너무 힘들어지면 어떻게 될까 고민한다. 조금 더 애쓰고 조금 덜 여유롭거나, 조금 덜 애쓰고 조금 더 여유롭거나. 다른 사람들은 무엇을 선택하며 살까.

『제주는 잘 있습니다』, 엄지사진관

편해, 네가

내 마음에 차곡히 쌓인 거절들을 통해 배운 게 있다면 세상은 좋아하는 마음으로도 되지 않는 게 있다는 것. 또한 울고 싶을 땐 울고, 화가 날 땐 화를 내야 한다는 것. 그렇게 건강해진 마음이 나를 더 나은 사람으로 만든다. 관계는 나 혼자만의 것이 아니다. 상호 간의 합의와 노력이 필요하다. 그래도 늘 마음은 기울기 마련이다. 내가 더 좋아하는 것 같다고 해서 너무 애쓰지 말기를. 애써 당길수록 그 선은 끊어지고 만다. 먼저 당신이 당신에게 편안해지기를.

「제주는 잘 있습니다」, 엄지사진관

시월의 어느 날

마음에도 비수기가 있다. 물론 다 큰 어른의 사춘기는 계절을 불문하고 마음속을 불쑥 파고든다. 그러나 유독 가을에 우리는 공허해지고 이상하게 쓸쓸해지기 일쑤다. 그런 정서는 트렌치코트를 입고 사색을 즐겨야만 할 것 같은, 에스프레소를 마시며 좋아하는 작가의 시집을 읽어야 할 것만 같은 기분에 사로잡히게 만든다. '이래야 가을이지!'라고 말해주는 가을만의 분위기가 있다.

「제주는 잘 있습니다」, 엄지사진관

아무것도 안하고 쉴 때 더 우울해

내 시간의 주도권은 내가 갖기로 했다. 이번 휴일에는 조금 일찍 일어나 이불과 침대 커버를 털고, 책상과 바닥을 닦았다. 오랜만에 가볍게 옷을 걸치고 노래를 들으며 공원에서 산책을 했다. 언젠가 생활이 또 엉망진창이 된다면, 소소한 것부터 바꿔야겠다. 포기는 하지 말자. 초심으로 돌아가 다시 시작하면 된다. 언제든 다시 시작할 수 있다.

「살 만한 것 같다가도 아닌 것 같은」, 삼각커피

누구보다 나는 나를 더 사랑해야 해

습관처럼 나를 미워하고 질책하는 것 대신 나를 사랑하는 연습을 의식적으로 하고 있다. 반복해서 나를 칭찬하고, 보호하고, 고치기 위해 노력한다. 사랑하는 것도 연습을 해야 하고 습관을 들이고 노력해야 한다. 이 노력이 결국엔 그 누구보다 내가 나를 제일 사랑하게 만들어 줄 것이다.

「살 만한 것 같다가도 아닌 것 같은」, 삼각커피

이 사람 저 사람 말은 듣기만 합시다

지금 하는 결정에 따라 앞으로의 인생이 어떤 방향으로 갈지 모르기 때문에 고민만 수십 번 하고 결정은 망설인다. 기회는 여러 번 있다고 하지만 시간은 되돌아오지 않으니 최대한 실패를 줄이고, 나에게 맞는 좋은 선택을 해서 위험을 줄이고 싶다. 어떤 말에 귀를 기울여야 할까? 어떤 선택을 해야 살아남을 수 있는 걸까? 내 인생이 선택에 따른 정확한 경우의 수와 결과가 정해져 있는 게임이라면 여러 개의 목숨으로 여러 번 재생해 결과를 확인하고, 내가 원하는 결말을 선택하고 싶다.

「살 만한 것 같다가도 아닌 것 같은」, 삼각커피

그래서, 갑상선암이니?

여전히 내 일을 사랑한다. 잡지가 좋고, 취재가 좋고, 글쓰기가 좋다. 이 일을 오래 잘하고 싶고, 그러기 위해 건강을 지켜야 한다. 일단 내가 행복해야 일도 잘할 수 있다. 잡지 에디터뿐 아니라 거의 모든 직장인이 비슷할 거다. 우리는 우리를 지켜야 한다. 건강해야 한다. 열정을 회사에 이용당하지 말아야 하고, 부당한 일을 배당받았을 때 중압감에 시달려 해내지 못하면 능력 없다는 자책에서 벗어나야 한다. 누군가는 너무 안일하다고 하겠지만, 일 때문에 나를 잃고 싶지 않다.

「누구나 한 번쯤 계단에서 울지」, 김나랑

누구나 한 번쯤 계단에서 울지

이제 나는 비상계단에 가지 않는다. 계단에서 쪼그리고 앉아 울던 시절은 갔다. 언제 마지막으로 회사에서 울었지? 짜증은 어제도 냈는데 눈물은 잘 기억나지 않는다. 십 년 전인가, 거짓말하는 인간 때문에 억울해서 찔끔 눈물이 나왔던 것도 같다. 불합리한 일은 여전히 많고 나는 여전히 나약한데 눈물은 다 어디로 갔을까?

일단 회사 일 때문에 눈물을 흘리기엔 좀 억울하다. 슬픈 영화를 봐서, 이별을 해서, 사랑하는 반려견이 아파서가 아니라면 눈물을 낭비하고 싶지 않다. 월급에 비해 많은 시간, 에너지, 젊음을 뺏기는데 감정까지 주기는 싫다.

「누구나 한 번쯤 계단에서 울지」, 김나랑

강의 킬러의 탄생

늘 불안했다. 답을 구하는 대신에 몰두할 다른 흥밋거리를 찾았다. 잦은 모임, 술, 운동, 취미 등. 이것들은 공사장의 가림막처럼 임시였다. 갑자기 켜진 꼬마전구처럼 스스로에게 물었다. 잘 살고 있는 거지?

「누구나 한 번쯤 계단에서 울지」, 김나랑

취향이 없는 여행자

삼십 대에 접어들면서 무엇이 나를 행복하게, 편안하게 만드는지 잘 알게 되었다. 그 때문에 자주 안정적이라고 느낀다. 과거와 비교했을 때 상대적 감상이다. 적절한 선택 후에 얻는 긍정적 결과. 이 과정을 반복하면 패턴이 생긴다. 실패가 없는, 맞춤형 선택이 모여 형성된 패턴을 취향이라고 한다. 취향을 알면 만족스러운 선택을 할 가능성이 높아진다. 반대로 취향을 모른다면 선택의 순간마다 너무 많은 에너지를 소모하고 심지어 결과도 좋지 않다.

『완전 (망)한 여행』, 허휘수·서솔

당신의 득남 소식이 들리던

결론적으로 우리의 여행은 '망한 여행'은 아니었다. 그렇다고 해서 완벽했던 여행도 아니었지만, 각자의 마음에 인상 깊은 풍경은 물론 작은 전환점을 만들어 왔다. 이 사실들로 미루어 보자면, 이 여행을 '완전한 여행'으로 부를 수 있을 것 같다. 아무리 개고생을 하더라도 그 안에서 작은 소용돌이를 일으켜 돌아오는 것. 그것이 여행의 매력이다.

「완전 (망)한 여행」, 허휘수·서솔

여행은 여행이다

여행은 여행일 뿐인데. 어깨에 힘주고 대단한 것을 얻어 가려다 양손에는 버튼이 망가진 트렁크 하나만 고스란히 가지고 왔다. 비우고 가야 채울 것도 있다. 가득 채워 간 트렁크에는 채울 여유가 없었다. 공수래 만수거. 비워서 가서 가득 채워 오는 게 여행은 아닐까. 만수래 공수거 했던 일본 여행에서 유일하게 배운 것이다.

「완전 (망)한 여행」, 허휘수·서솔

어쩌면 일어날지도 몰라, 기적

나는 아무도 미워하지 않는 하루를 보내게 해달라고 빌고 싶어졌다. 언젠가는 그런 기적 같은 하루를 보낼 수 있으면 좋겠다. 오늘은 이미 물 건너갔지만. 언젠가, 언젠가는 말이다.

『당신을 읽느라 하루를 다 썼습니다』, 공백

작은 것들의 신

우리는 계속해서 상처의 기슭을 거닐어야 한다. 그럴 때
우리는 대부분의 시간을 울거나 울음을 참으며 버텨야 할지도
모르지만, 나는 기꺼이 울면서 길을 찾는 사람이 되고 싶다.

「당신을 읽느라 하루를 다 썼습니다」, 공백

프로크루스테스의 체크 리스트

체크 리스트는 그 자체로 목적이 아닌 수단일 뿐이라는 것, 삶의 방점은 하위 목표에 찍어야 하는 게 아니라 그보다 더 상위에 찍어야 한다는 것을 수시로 되뇐다. 그러면 힘이 생기는 것 같다. 닦달하지 않고, 내몰리지 않으면서 한 발짝 더 나가는 힘, 눈앞의 실패에 매몰되지 않는 힘 말이다. 나는 그 힘으로 미래에 닿아보려 한다. 그 미래가 부디 편안하고 찬란하길 바라며.

「당신을 읽느라 하루를 다 썼습니다」, 공백

미워하기 좋다고 미워하나요?

그러나 나는 이제 안다. 미워하기 쉽다고 무작정 미워해서는 안 된다는 것을. 무언가를 어여삐 보려는 시도는 혐오에 대항하는 효과적인 방법이다. 바라봄의 기술은 곧 사랑의 기술과 같다.

「당신을 읽느라 하루를 다 썼습니다」, 공백

사랑에 목매는 스스로가 버거운 당신에게

연인과 함께 늙어가며 행복을 영위하는 삶, 백년해로하는 삶, 그 사람과 더불어 조화로움을 찾아가는 이상적인 삶. 하지만 그런 사랑에 진입하기 위해, 우리는 한 번쯤은 된통 흔들려야 할지도 모르겠다. 격정적인 사랑의 물결을 타고 굽이굽이 거세게 휘몰아쳐야 할지도 모른다. 사랑 때문에 균형을 잃는 것도 삶의 일부니까.

「당신을 읽느라 하루를 다 썼습니다」, 공백

타이틀이 필요하나

자신에게 제대로 자신이 있다면, 그것만으로 내가 작아질 일은 없다.
그러니까 내 말은, 타이틀보다 훨씬 중요한 것들이 있다고. 다수에게 인정받지 못해도 충분하다. 내가 내 알맹이를 쥐고만 있다면 다수의 인정 그 이상을 뛰어넘는 일이 생긴다. 그러니 가치를 아는 이들의 알맹이는 가공된 맛 없이 달콤할 테다. 나는 여전하다. 타이틀곡에 온 힘을 쏟기보단, 다른 이외의 곡들에도 고루 그 가치를 담고 싶다. 타이틀이 아니더라도, 보석 같은 것들이 나의 도처에 아름답게도 많기에, 내가 알게 된 이 놀랍도록 아름다운 것들이 나의 가치관을 뒷받침해 주고 있다. 그리고 나는 이런 가치관 자체를 무척이나 좋아한다.

「타이틀이 필요할까」, 장재인

돌아온 나의 산

삶을 수습하느라 벅찬 나날이 숨 가쁘게 이어질 때, 등산을 하는 시간은 내가 무너지지 않고 하루를 보낼 기회를 선사했다. 걷고 또 걸으면서 어제 못한 일, 오늘 할 일, 내일 할 일을 생각한다. 머릿속으로 생각한 것과 입 안에서 굴리는 말들의 속도, 내 발걸음의 속도가 삼박자로 잘 맞을 때는 기분이 상쾌하다. 걷고 또 걸으면서 나만의 호흡을 찾으려 노력한다. 남들에게 휘둘리지 않는 속도를 찾기 위해 애쓴다. 남들보다 느슨하게 산을 오르지만 초조하지 않다. 생각만큼 하루를 잘 지내지 못해도 괜찮다. 오늘의 자괴감을 내일의 걷기가 해소해 줄 것이다.

『딸은 애도하지 않는다』, 사과집

고통 속에서도 행복을 그리다

사람들이 르누아르 그림을 좋아하는 이유는 그림에서 밝고 기분 좋은 에너지를 느낄 수 있기 때문일 것이다. 아이나 여인, 친구나 가족의 행복한 일상을 표현한 그의 그림들은 주제만큼이나 밝고 예쁘다. 불우했던 어린 시절과 가난한 무명 시기를 견뎌내면서도 세상을 원망하거나 탓하지 않고 아름다운 면을 바라보았기에 그러한 그림을 그리는 게 가능했을 테다. 2018년 미국 테네시주에서 열린 그의 개인전 제목은 '아름다움은 남는다'였다. 이 제목은 말년에 관절염으로 고통스러워하면서도 계속 그림을 그렸던 르누아르가 한 말에서 따온 것이다.
"고통은 지나가지만, 아름다움은 남는다."

「사연 있는 그림」, 이은화

미디어 속 비혼과 결혼 사이

결혼만이 유일한 사랑이자 행복의 매듭이 아니라는 사실을 우리는 너무 자주 잊는다. 조금만 고개를 돌려보면 표본을 쉽게 구할 수 있는데 말이다. 행복은 결혼 같은 선택 하나로 쉽게 방향을 틀고 그 안에 머무르는, 하나의 단순한 통합체가 아니다. 결혼이 행복을 약속하지 않듯 비혼이 불행을 약속하지 않는다. 마찬가지로 결혼이 불행을 의미하지도, 비혼이 자유만을 의미하지도 않는다. 이분법적인 평가를 넘어서서, 엔딩 없는 삶에서 매 순간 나 자신에게 물어야 한다. 나는 어떻게 살고 싶은가? 나의 행복은 어떤 빛깔이고, 언제 찾아오는가?

『아니 근데 그게 맞아?』, 이진송

작은 물줄기가 모여 대해를 이룬다

담담하고 가벼운 마음이 되면 하루하루가 리듬에 맞추어 가볍게 흘러간다. 마음이 환하면 내적인 힘에 탄력이 붙어서 다시 일어설 수 있는 기운이 생겨난다. 물이 흘러간 다음에는 그 아래 대지가 비옥해지니 앞으로 풍요로운 결실을 기대할 수 있다. 그러니 슬럼프를 조용히 힘과 역량을 축적하는 시간으로 삼아야 한다.

「운명이라는 힘」, 임선영

적어도 두 번은 멀리 떠나야 할 여행

인생에서 여행이 소중한 이유는 그 시간을 통해 과거에 지녀왔던 환상에서 깨어나기도 하고 때로는 환상보다 더 근사한 공간을 직접 발견하기 때문이다. 편견을 버리니 진정 자신에게 소중한 사람이 눈에 들어오고, 욕심을 버리니 순수한 사랑의 감정이 마음에 깃든다. 가식 없는 현실과 진실한 사랑에 더욱 가까워지는 셈이다.

「운명이라는 힘」, 임선영

다름을 문제 삼지 않는다

나에게 등을 보이는 사람, 나와 이별하려는 사람은 당장 손 내밀지 않으면 영영 타인으로 돌아설 수밖에 없다. 우리는 공통된 관심사로 만나지만 입장이 서로 다르기에 갈등이 생겨난다. 내 마음을 몰라주어 서운함이 앞서고 생각이 크게 달라 속상할지라도 소중한 인연의 끈을 놓지 말 것. 공통점에 기뻐하되 서로 다른 점도 존중한다면 오랜 친구로 함께할 수 있다.

『운명이라는 힘』, 임선영

스코틀랜드의 양으로 살고 싶어

언젠가 영원히 살고 싶은 곳이 있느냐고 묻는다면, 한 치의
망설임 없이 대답할 수 있다. 나는 스코틀랜드에 살고 싶다.
그것도 스코틀랜드 스카이섬에서 한 마리 양으로. 겁이 많다고
알려진 모습과는 다르게 어쩌면 양은 우리가 생각한 것보다
훨씬 용기 있는 동물이 아닐까. 높은 바위 위에 평온하게
앉아 있는 양을 바라보며 생각했다. 가보고 싶은 틈에
한 발자국 가까워지는 일은 용기가 있어야만 해낼 수 있는
것이니까.

『좋은 걸 보면 네 생각이 나』, 청민

여행의 물건들

때로 여행은 물건으로 기억된다. 삶에 꼭 필요한 것도 아니면서
기억하고 싶다는 핑계로 값을 지불하는 느낌이지만, 물건이
지닌 깊이는 시간이 지나야 드러나니까.
여행의 물건은 그래서 값지다. 물건 속엔 지난날의 좋았던
기억과 마음과 사랑과 태도를 담을 수 있어서.

「좋은 걸 보면 네 생각이 나」, 청민

함께 보고 싶었던 바닷가

언덕 너머로 바라본 풍경에 숨이 턱 막혔다. 마치 신이 연필을 쥐고 세상의 중심에 선을 하나 긋고선 "위에는 하늘 아래는 바다"라고 이름 붙이는 순간을 몰래 엿보는 최초의 인간이 된 것만 같았다. 나는 이런 바다가 세상에 있는지도 몰랐는데, 꽤나 많은 사람이 그 이른 시간에 바다를 걷고 있었다.
그 순간 알았다. 아름다운 걸 보면 가슴이 콕콕 아프다는 사실을. '죽을 때까지 이런 풍경을 얼마나 더 볼 수 있을까?' 하는 생각이 들 만큼 아름다웠다.

『좋은 걸 보면 네 생각이 나』, 청민

우리에겐 숲이 있어요

오가는 사람이 거의 없는 숲속을 오로지 혼자 걷는 기분은 난생처음이었다. 새들의 노랫소리를 들으며 걷다가도 자작나무 사이로 스스스 바람이 불어오면 조용히 눈을 감고 숲의 소리에 집중했다. 커튼처럼 드리워진 빛은 계속 나를 멈춰 서게 했고, 가만히 푸른 숨을 들이마시면 몸 깊숙한 데에서부터 바람이 일었다. 핀란드 사람들이 숲에 요정이 산다고 믿는 이유를 알 것 같았다.

『당신이 나와 같은 시간 속에 있기를』, 이미화

이 순간을 붙잡기 위해

런던에 머무는 내내 매일 걷는 길이었지만 하루하루 새로운 길을 걷는 것처럼 설렜다. 특별한 목적이 있어서 걷는 것이 아니라 발길 닿는대로 골목골목을 드나들며 마음에 지도를 새기곤 했다. 돌담 위로 힘겹게 피어난 꽃을 굽어보며 나에겐 한 계절뿐인 이 길 위의 사계절을 짐작해 보기도 하고 걸어온 길을 다시 되짚어 보며 이 순간을 붙잡으려 애썼다.

『당신이 나와 같은 시간 속에 있기를』, 이미화

세계 여행자란 단어의 충격

나에게는 전혀 닿지 않을 것만 같던 나이 서른. 부러움 섞인 감탄을 하면서도 '여행 후에는 어떻게 살지?' 하는 오지랖과 꼰대 같은 발상이 내 안에서 자연스럽게 스쳤다. 그때보다 몇 년이 흐른 지금의 나는 다행히 답을 알고 있다. 퇴사를 하든 안 하든, 장기 여행은 하든 안 하든 '앞으로 무엇을 하며 먹고 살 것인가'라는 문제는 각자 죽을 때까지 평생 안고 가야 할 숙제라는 것을 말이다.

「제 마음대로 살아보겠습니다」, 이원지

인도

여행은, 그리고 인연은 이토록 마법처럼 놀라운 것이다. 언젠가 이 여행 이후에, 조용하고 아름답고 시간이 느리게 흐르는 곳에서 마음이 맞는 사람들과 함께 소박하게 살고 싶은 꿈이 생겼다. 씨앗을 심어 작은 텃밭을 가꾸고, 건강한 음식을 만들어 먹고, 천천히 느릿느릿 여유롭게 살면 참 행복하겠다. 누군가는 게스트하우스를 운영하고, 누군가는 고소한 빵을 굽고, 누군가는 향긋한 커피를 내리면서. 그리고 가끔 여행을 하면 서로의 집을 봐주기도 하면서. 그럼 참 좋겠다.

『메밀꽃 부부 세계일주 프로젝트』, 김미나·박문규

나 전시장

집은 살고 있는 사람의 모든 걸 보여준다. 그 사람이 가장
좋아하고 많은 시간을 보내는 공간이 어디인지, 무슨 색을 제일
좋아하는지, 어떤 브랜드를 선호하는지. 취미는 무엇이고 어떤
성향의 사람인지. 옷장을 보면 그 사람의 스타일을 알 수 있고,
냉장고를 열면 그 사람이 얼마나 요리를 하는지 혹은 어떤
음식을 좋아하는지 알 수 있다.
집은 나를 전시하는 하나의 작은 전시장과 같다.

「가끔 집은 내가 되고」, 숯뚜

이태원 클라쓰

행복하게 살고 싶지만 오늘의 행복이 내일의 죄책감으로
남을까 봐 걱정이 되기도 한다. 사람들이 말하는 행복의 조건은
보이고 만져지고 평가 가능한 것들인데, 그런 것들은 오늘의
희생 없이는 얻을 수 없는 것처럼 보인다. 연봉, 좋은 집,
좋은 차 등등.
하지만 그게 정말 중요한가. 중요한 건 오히려 만져지지 않고,
평가할 수 없고, 그저 느낄 수만 있던데.
난 내 마음이 느끼는 걸 믿는다.
세상이 원하는 방향이 아닌, 난 나의 길을 걷고 싶다.
우리는 각자 존재한다.

「이십팔 독립선언」, 강세영

노곤노곤 흐물흐물

나는 바다가 좋다. 단순히 예뻐서이기도 하지만 무엇보다 혼자만의 시간을 만들어주기 때문이다. 끝이 보이지 않는 수평선 앞에 앉아 바닷물과 햇빛이 만나 유리 조각들처럼 반짝이는 걸 멍하니 보고, 규칙적으로 들려오는 파도 소리를 듣고 있으면 누구와 어디에 있든 그 순간만은 마치 영화 〈이터널 선샤인〉의 바닷속으로 들어온 것 마냥 혼자가 되고, 생각할 시간이 영원처럼 끝없이 펼쳐지는 것이다.

「낯선 일상을 찾아, 틈만 나면 걸었다」, 숏뚜

세상의 끝

두 눈에 담고 담아도 끝없이 이어지는 꽃 잔디밭과 반짝이는 바다, 그리고 그 바다를 막고 서 있는 새하얀 낭떠러지. 나는 살면서 처음으로 '광활하다'라는 표현이 정확히 무엇을 뜻하는 것인지 온몸으로 느꼈다. 시야 가득 들어오는 광활한 자연 앞에서 나는 정말로 작은 존재였다.
우리는 절벽의 꼭대기에 올라 바다를 바라보고 앉았다. 그리고 한참을 아무 말 없이 그렇게 있었다.

「낯선 일상을 찾아, 틈만 나면 걸었다」, 숏뚜

플뢰이엔 전망대

오늘 태어난 태양의 마지막 빛이 브뤼겐의 수백 년 된 낡은
건물 여기저기에 다가와 찬란하게 부서졌다. 베르겐에 찾아온
화려한 이별의 세리머니를 한적해진 부둣가에 걸터앉아 조용히
지켜보았다. 그동안 이 도시는 수없이 많은 아침과 저녁을
맞이했다. 오늘이라는 시간은 이 도시에 찾아온 무수한 파편 중
한 조각에 불과할지도 모른다. 하지만 그 아름다운 한순간에
잠시 머물렀다는 사실만으로도 충분히 감격스러웠다.
8월의 베르겐.
그 아름다운 여름밤 속에 내가 있었다.

『혼자, 천천히, 북유럽』, 리모 김현길

여행이란

여행은 스스로 방전하고 충전하는 작업이다. 여행은 수많은
눈빛의 스침이다. 여행은 내 안에 숨어 있던 나를 발견하는
과정이자 시간과 공간을 거슬러 올라가는 타임머신을 타는
것이다. 나이쯤은 훌훌 던져버릴 수 있는 통쾌한 시간이다.
끊임없이 흘러나오는 여행에 대한 정의 중 딱 하나만
꼽아보라면, 바로 여행이야말로 나를 숨 쉬게 하는 이유라고
답할 것이다.

「여행이 멈춰도 사랑은 남는다」, 채지형

사유

깊은
내면으로의
항해

완벽해지고 싶은 마음에 사로잡혔다면

'완벽해지고 싶은 마음'은 자존감을 깎아내리는 요소가 아닙니다. 자신이 이루고 싶은 것을 만들어 가는 과정에 필요한 좋은 연료로 사용될 수 있습니다. 완벽을 추구하는 성향으로 인해 자신을 사랑하지 못하는 사람들은 완벽주의를 버리는 대신, 자신이 소화할 수 있는 적당한 수준으로 그 욕망을 끌어안는 연습을 해야 합니다.

『나를 사랑할 결심』, 박한평

경험치가 쌓여야 보이는 것이 있다

낯선 환경이나 어색한 상황에서 누구나 어려움을 겪습니다. 초심자는 어리숙하고 미숙하며 실수를 거듭하고 쉬운 일이라곤 없습니다. 배움과 반성의 연속에서 누구나 자존감이 깎이고 자괴감을 경험합니다. 과도기를 넘기지 못해 포기하고 마는 사람들도 많습니다. 그러나 당신이 겪는 과도기가 꼭 집어 당신 한 사람만 겪는 문제적 시기는 아닙니다. 누구나 초기에는 비슷한 어려움을 겪습니다. 그 사실을 명심하기만 해도 한결 마음이 편해질 거예요.

「나를 사랑할 결심」, 박한평

오늘 하루를 쌓는 일에 집중할 것

당신의 인생이 어떤 모습이든, 어느 정도의 부피와 질량을 가졌든지 간에 '충실한 하루를 쌓는 일'에 집중했으면 좋겠습니다. 스스로 열심히 했다고, 잘하고 있다고 인정해 주세요. 더 나은 내일을 만드는 방법은 오늘을 잘 보내는 일이더라고요. 하염없이 흔들리다가도 언제 그랬냐는 듯 평온해질 수 있도록요.

「나를 사랑할 결심」, 박한평

자존감의 높낮이가 좋고 나쁨을 뜻하진 않는다

낮은 자존감을 감추기 위해 일부러 더 괜찮은 척할 필요 없습니다. 당신은 실제로도 괜찮은 사람이거든요. 충분히 근사하지만, 종종 마음이 흔들릴 뿐입니다. 그렇기 때문에 높은 자존감과 낮은 자존감, 이 두 가지 상태가 동시에 존재할 수 있음을 이해하는 게 중요합니다. 꼭 자신을 한 가지 상태로만 정의할 필요는 없습니다.

「나를 사랑할 결심」, 박한평

당신은 우울한 감정을 소화할 수 있다

마음의 근육은 일상의 습관을 통해 단단해집니다. 우울한 감정이 일상의 습관 사이에 끼어들 틈을 주지 마세요. 작은 행복과 사소한 기쁨으로 일상을 아름답게 채우세요. 크기가 작더라도 확실한 만족으로 하루를 채우세요.

「나를 사랑할 결심」, 박한평

관계의 중심에서 존재를 외치다

한국 사회에서 '다른 사람과 다르다'라는 건 두려움을 불러일으킵니다. 여전히 우리 사회가 다름을 틀림으로 인식하려는 성향이 있기 때문이죠. 대부분이 어려서부터 그렇게 자라왔고 너무 튀는 사람을 불편하게 여기는 시선이 지금까지도 잔존해 있습니다. 하지만 그것이 개성을 죽여야 한다거나 자신의 색을 드러내지 않아야 할 이유가 되지는 않습니다. 생각해 보면 언제나 '다른 사람과 충돌하는 지점'에서 좋은 무언가가 만들어졌습니다. 그 과정에서 거절과 질문은 필수적으로 발생했고, 좋은 방향으로 나아가기 위한, 불이 잘 붙는 마른 땔감이 됩니다.
부디 자신의 인생에서 스스로의 존재감을 지우지 않기를 바랍니다.

「나를 사랑할 결심」, 박한평

충분히 다정하고, 언제나 상냥할 것

저는 당신이 스스로에게 충분히 다정하고, 언제나 상냥했으면 좋겠어요. 자기 자신을 들볶고 괴롭히는 대신, 자신과 사이좋게 지내며 오랫동안 따뜻했으면 좋겠습니다. 진짜 행복은 바로 그 온기에서부터 시작됩니다.

「나를 사랑할 결심」, 박한평

나, 이거 좋아하는 사람이었네

당신의 일상을 행복하게 만들어 주는 기쁨은 무엇인가요? 호감은 생각보다 뿌리가 얕아서 계속 관심을 주지 않으면 생명을 다할 때가 많습니다. 식물을 키우듯 적당한 물과 햇빛, 관심이 필요해요. 사람과의 관계도 마찬가지겠죠. 좋아한다는 표현을 끊임없이 해주세요. 할 수 있는 최대한의 관심도 보여주세요. 무너진 마음을 일으켜 세우고, 흔들리는 일상의 중심을 잡아주는 건 '내가 좋아하는 것들'이니, 좋아하는 것들로 당신의 매일을 조금씩 채워나가세요.

「나를 사랑할 결심」, 박한평

예민함을 자양분 삼아 성장할 것

당신이 만약 다른 사람들에 비해 '예민한 편'이라고 생각한다면, 그로 인해 너무 큰 스트레스를 받지는 않았으면 좋겠습니다. 자신의 예민한 기질을 배척하느라 에너지를 쏟을 게 아니라, 그 예민함으로 인해 발견할 수 있는 것들을 충분히 누리세요.

『나를 사랑할 결심』, 박한평

혼자일 때도 함께일 때도 괜찮은 사람

타인과 함께하려면 심신의 체력은 필수 요소다. 나를 제대로 쌓아 올려야 인간관계에서도 지치지 않을 수 있고, 괜찮은 관계를 맺을 수 있다. 좋은 사람들과 함께하기 위해 좋은 사람이 되려는 노력. 그 노력이 내게 알려준 것이 있다. 혼자 있을 수 있어야 함께일 수도 있으며, 함께일 수도 있어야 혼자일 수도 있다.

『내 마음은 누가 간호해 주나요』, 최원진

남들이 뭐라 하든 나의 길을 간다

휘둘리지 말자. 나의 속도로 나아가자. 타인의 말이 나의 삶을 뒤흔들 순 없다는 것을 거듭 인식하자. 어떤 결과가 나에게 닥치든 내가 선택한 길에 대한 결론이라면 충분히 감당할 수 있다. 그저 부끄럽지 않게 나의 길을 가면 그걸로 충분하다. 내가 할 수 있는 이야기를 할 것이다.

「내 마음은 누가 간호해 주나요」, 최원진

잘 살기 위해선 고집이 필요하다

결실이 크든 작든 당신은 결실을 보게 될 것이다. 그러니 본인이 걸어갈 길에 의문이 들어도 된다. 혹시 누군가 어떤 부정적인 말로 당신을 뒤흔들더라도 당신은 괜찮다는 사실만 알면 된다. 될 때까지 계속하면 언젠가 본인이 이룬 무언가를 꼭 손에 쥐고 있을 테니. 마음먹었을 때, 그때가 바로 무언가를 이루기 가장 좋은 때다.

「내 마음은 누가 간호해 주나요」, 최원진

오늘 우리가 놓치지 말아야 할 것들

과거에서 미래로 바뀌는 과정이 바로 현재이다. 이미 지나간 과거는 우리에게 경험이라는 기반을 마련해 주고, 미래는 꿈이 있어 현재를 살게 하는 원동력이 된다. 과거와 현재, 미래가 모두 중요한 이유이다. 그중에서도 과거와 미래의 가운데에서 숨 쉬는 지금 이 순간, 지금 이 자리가 당신을 있게 하는 가장 중요한 요소가 된다.

현재의 순간을 가장 잘 이용하기 위해서는 외부환경은 물론 자신의 내적인 상태에도 관심을 두어야 한다. 세상이 어떻게 변화해 가는가를 살피고 내적으로는 스스로 어떤 마음 상태이며 무엇을 원하는지를 동시에 살핀 후 합리적으로 조정하는 전체적인 사고가 필요하다.

「운명이라는 힘」, 임선영

잠룡의 시기, 아직은 은둔이 필요하다

태어나면서부터 누구에게나 성공의 자리는 이미 마련되어 있다.
자신에게 주어진 상황을 긍정적으로 받아들이고 적극적으로 대응해 나가라. 눈앞에 펼쳐지는 변화에 순응하고 객관적인 관찰력과 판단력으로 결단하고 행동한다면 당신은 자신의 나이와 경험에 알맞게 가장 훌륭한 입지를 다져나갈 수 있다. 물론 사람마다 성취하는 정도는 다르다. 하늘의 어디까지 오를 것인가는 당신의 가슴에 담긴 꿈의 크기에 달려 있다. 위대한 목표를 가슴에 품고 자신을 단련하는 사람들은 단계별로 더욱 큰 보폭으로 나아가며 시원시원하게 하늘로 날아오를 것이다.

『운명이라는 힘』, 임선영

아직 비로 내리지 못한 구름

일시적으로 찾아드는 작은 실패 때문에 인생이 끝나는 법은 없다.
열심히 뛰다가 발이 걸려 잠시 멈추어야 할 때, 작은 상처를 닦아내며 성공이 한 발짝 가까이에 다가왔음을 깨달으면 그만이다. 과감하게 멈추는 것이 용기라면 과감하게 물러서는 것은 지혜이다.

「운명이라는 힘」, 임선영

아름답다 말하면 사람들이 모인다

모든 일은 사람의 마음을 모으는 데서부터 시작되는 법이다. 사람을 모으는 힘은 편안함과 여유에서 우러나온다. 계획적인 접근보다는 겸손하고 담담한 마음이 필요하다. 집안에서는 가족들이 마음을 열어 화목하고 문밖에 나서면 친구와 동료가 의리로 뭉치니, 세상 어디에 자리하든 재미있고 살 만하다. 먼저 마음을 열고 편안하게 다가서면 당신을 내칠 사람은 아무도 없다.

「운명이라는 힘」, 임선영

맑은 샘물로 우물을 채운다

우물에 맑은 샘물이 가득하면 사람을 먹이고 가축과 생명을 살린다. 주위의 인재들을 소중히 껴안고 그 사람이 성장할 수 있도록 자원을 제공하라. 그들에게 기회를 주는 것이야말로 자신에게 기회를 주는 것과 다를 바 없다. 사람을 포용하고 정성 들여 키우면 그들이 우물을 채우니, 당신의 마을은 생기와 활력으로 충만해진다.

「운명이라는 힘」, 임선영

마음을 비우고 작은 것을 사랑하기

겸손이란, 화려한 포장지를 뜯어내고 자신의 맨살을 보이는 것이 아니다. 그보다는 내가 가진 것을 타인에게 보태어 나보다 부족한 사람도 함께 추켜세우고 공경하는 행동이다. 이 세상 많은 미덕 가운데 최고를 꼽으라 하면 성인들은 주저하지 않고 겸손을 말했다.
스스로 덜어낼 수 있으면 세상으로부터 지지와 존중을 받는다. 겸손은 조용한 힘으로 당신을 앞으로 밀고 가며 많은 사람들이 두 손 걷고 나서서 당신을 돕게 만든다. 자신이 지닌 약점을 솔직히 인정하고 겸손한 마음으로 다른 사람을 공경한다면, 지금보다 더 커다란 힘이 당신을 끌어올릴 것이다.

『운명이라는 힘』, 임선영

처음의 약속은 끝까지 지킨다

처음의 마음을 지켜라. 그리하면 사람에게뿐만 아니라 당신을 둘러싼 세상으로부터 존중을 받는다. 신뢰라는 기반이 쌓이면 인간관계나 하는 일이 순조롭고 형통하니 미래에 풍부한 수확을 얻을 수 있다. 상대방을 믿기 위해서는 우선 자신에 대한 믿음이 자리해야 한다. 그렇다고 너무 자신만만하면 홀로 외롭고 고독하게 되니 겸허한 마음으로 중심을 잡는다.

「운명이라는 힘」, 임선영

크게 이루려는 자는 때를 기다린다

일을 시작한 사람은 시간의 흐름에 견주어 성숙해지기 위해 애써야 한다. 또한 기다림의 밑바탕에는 잘 될 거라는 믿음이 절대적으로 필요하다. 믿음이 있어야 기나긴 시간 동안 유혹에 흔들리지 않고 제자리를 지켜낼 수 있기 때문이다. 기다림의 시기를 잘 보내면 앞날이 형통하고 길다.
자신의 힘이 아직 미약하거나 주변 상황이 갖춰지지 않았을 때 섣불리 나섰다가는 혼란에 빠질 뿐이다. 논어에서도 정치는 위정자가 무언가 하려고 애쓰기보다는 천하의 도리에 순응하며 시의적절하게 다스림이 최상이라 하였다. 기다림은 내적인 힘을 축적하는 시간이며 신념에 대한 조용한 실천이다.

「운명이라는 힘」, 임선영

변할 것인가 만족하고 살아갈 것인가

변화와 혁신이 필요한 시기가 있다. 변화에도 원칙은 존재한다.
우선 모든 일은 마음가짐에서 시작하니 자신의 각오를 새로이
하는 것이 중요하다. 그다음에는 주변 상황이 성숙하기를
기다려라. 변화하기 적절한 시기에 달하면 순리에 따라
행동해야 많은 사람들의 지지를 받을 수 있다. 또한, 변화는
과거를 거스르는 극단적인 시도이기 때문에 행동 하나하나를
신중히 하고 눈앞의 이익에 흔들리지 말아야 한다.

『운명이라는 힘』, 임선영

정상은 하나이나 도달하는 길은 여러 개

산의 정상은 하나이지만 거기까지 오르는 데는 여러 갈림길이 있을 수 있다. 모든 사람이 서로 비슷한 것을 소망할 수는 있어도 각자의 위치에서 걸어가는 길은 서로 다르다. 동일한 목표에 도달하기 위한 사고방식도 제각기 다르다. 각자의 생각이 다르므로 판단도 다를 수 있다.

「운명이라는 힘」, 임선영

아침 샘물은 산에게 조언을 구한다

산 아래 솟아나는 샘물에 길을 터주면 물줄기가 멈추지 않고 흐르면서 산 귀퉁이의 생명까지 먹여 살리고 주변을 살찌우는 원천이 된다. 한없이 게으르고 싶을 때는 웅장한 산속에 흐르는 물줄기를 떠올리도록 한다. 산을 키우고 살찌우는 힘은 바로, 큰 소리를 내지 않지만 한순간도 멈추지 않고 흐르는 수많은 물줄기다.

「운명이라는 힘」, 임선영

진정으로 사랑에 빠진 적이 한 번도 없다면

사람에게 이끌리는 시기는 인생에서 자주 찾아오지 않기에 보석처럼 소중한 순간이다. 맹목적으로 상대를 좇아가기 전에 잠시 멈춰 서서 그 힘을 느껴본다. 그 끌림이 마음 깊이 닿으면 조용히 그 사람의 문으로 다가가 노크를 해본다. 서로의 마음이 닿아 사귐이 시작되면 사심과 욕심은 말끔히 씻어내도록 한다. 순수한 만남만이 좋은 인연으로 이어지기 때문이다.

『운명이라는 힘』, 임선영

래스팅 시간을 주기로 해

나아갈 방향을 정했다면 하루하루 열심히 최선을 다해 사는 것, 오늘의 실수를 기억하고 내일 그 실수를 반복하지 않는 것, 그런데도 또 실수를 했다면 나를 탓하는 데 에너지를 쓰는 것이 아니라 행동을 고치려고 계속 노력해야 하는 것을 잊어서는 안 된다. 고치고 잘하려고 노력하면서 능력치를 키워야 한다. 내가 하는 노력과 애절함이 바로 성과로 나오지 않는다고 하더라도 해 온 것들이 어디론가 사라지는 것은 아니니 걱정은 조금 뒤로 미뤄 본다.

「살 만한 것 같다가도 아닌 것 같은」, 삼각커피

사람은 누구나 힘든 시기가 있다

우리는 사람에게 상처받지만, 결국 다시 살아갈 희망과 용기도 사람에게 찾는다. 누구에게나 힘든 시기는 있다. 그러나 어려운 시기는 반드시 지나간다. 그저 살다 보면 살아진다. 그러니 어려움 속에서 절대 포기하지 말고 버텨라. 곧 출구가 나타날 것이다.

「운명은 아직 결정되지 않았다」, 오왕근

의지와 믿음만 있다면

모든 일에는 때가 있고 순서가 있다. 지금 당장이 아니어도 괜찮다. 인생에 있어서 1, 2년 늦는 것은 아무런 문제가 되지 않는다. 비가 내리는 날에 비를 다 맞으면서까지 무리하게 일을 진행할 필요는 없다. 노력이 최선이라는 말보다는, 노력과 그 시기가 잘 맞을 때 가장 큰 힘을 발휘할 수 있다.

『운명은 아직 결정되지 않았다』, 오왕근

행복은 언제나 가까이에 있다

오늘만큼은 살아갈 날이 많은 나를 위해 정말 수고 많았다고, 이만하면 잘 살고 있다고 칭찬하고 위로해 주자. 누구에게 도와달라고, 내 마음이 이렇게 힘들다고 말하지 못하는 당신에게 전한다. 혼자 가는 길은 너무 춥고 외로우니 이제 용기를 내서 행복을 향해 한발 내디뎌 보라. 당신도 충분히 행복해질 수 있다.

「운명은 아직 결정되지 않았다」, 오왕근

인생에 지름길은 없다

지금 아무것도 없는 초라한 시기를 보내고 있다고 움츠러들지 마라. 당신이 피눈물을 흘리며 고생하고 있는 나날, 잠을 자면서도 불안에 떨고 있는 이 순간, 하는 일마다 실패를 겪고 앞이 보이지 않아 이곳저곳을 헤매고 있는 지금. 이 모든 고통이 앞으로 당신에게 분명 큰 기회와 성공을 가져다줄 거라 장담한다. 그러니 지금 내가 조금 못 나간다고 기죽을 일도 아니고 조금 잘나간다고 건방 떨 일도 아니다. 인생은 순환이며 결국 나의 계절은 돌아오기 마련이다. 나에게 때가 왔을 때 지금까지 흘렸던 눈물이 나를 더 단단하게 성공시켜 주는 밑거름이 될 것이다. 그러니 초년 성공을 더는 부러워하지 마라.

「운명은 아직 결정되지 않았다」, 오왕근

떠나보낼 수 있는 용기

이별도 노력과 연습이 필요하다. 시작은 힘들겠지만 하나씩 정리하다 보면 어느덧 상대와 내가 분리된 것을 느낄 수 있다. 내 마음 한편에 아직 보내지 못하고 자리 잡고 있는 사람이 있다면 과감하게 떠나보낼 용기가 필요하다.

「운명은 아직 결정되지 않았다」, 오왕근

행복해지는 연습

행복하기 위해서는 먼저 감사하는 연습을 해야 한다. 큰일에만 감동을 느끼는 것이 아닌 사소한 일상에서 하루를 아무 일 없이 편안하게 마무리했다는 것에서부터 감사함을 느낄 때 행복 연습은 시작된다. 꿈을 이뤄야만 행복할 것이라고 생각하지 말고 지금 책 한 권 사서 읽을 수 있는 능력과 신체에 감사하며 지금 이 순간의 행복을 느껴보자.

「운명은 아직 결정되지 않았다」, 오왕근

인생의 스승을 만나면 운명이 바뀐다

인생의 스승은 나보다 어린 사람일 수도 있고 나보다 연배가 높은 어르신일 수도 있다. 사람들은 나보다 어리면 살아온 세월이 적기에 지혜가 부족할 것이라고 착각하고, 나보다 연배가 높으면 세대 차이가 많이 나 고리타분하다고 생각해 대화를 차단하기도 한다. 스승을 찾기 위해서는 모든 가능성을 열어두어야 한다. 유연성을 갖고 이런 사람도 있고 저런 사람도 있구나, 자연스럽게 받아들였을 때 생각지도 않게 내 마음을 파고드는 스승이 생길 것이다.

『운명은 아직 결정되지 않았다』, 오왕근

불안이 필요한 사람

적당한 안정감과 불안감이 나에게 필요하다. 그리고
그 균형을 맞추며 삶을 살아가는 것이 지금 내가 해야 할
일이다. 잘해내고 싶은 진심 어린 마음이 불안을 만들어낸다.
나는 그 불안에 응답하기 위해, 시도 때도 없이 내 옆을 지키고
있는 불안 덕분에 부지런히 움직이고 있다.

「내가 잘 지내면 좋겠어요」, 에린남

나의 모든 감정을 받아들이기

모든 감정에는 의미가 있다. 감정은 내가 나에게 보내는 하나의
신호다. 그러니 내게 불어오는 감정들 속에서 얻을 수 있는
생각과 마음을 읽고, 그 시간을 지나 마음을 추스르기로 한다.
뒤이어 찾아올 또 다른 감정에 너무 휘둘리지 않기로 한다.
감정의 균형을 잡을 수 있는 사람, 더불어 내 모든 감정을
사랑할 수 있는 사람이 되어야지. 그리고 내 모든 감정을 잘
써먹어야지.

「내가 잘 지내면 좋겠어요」, 에린남

나다움

우리는 스스로에게서 어떻게든 단점을 찾아내지
타인과 사회가 정한 기준으로 나를 평가하고 따지고
맞지 않는 옷에 몸을 끼우고 나답지 않게 움직이지

시선에서 조금 더 자유로워지고 싶어
남들이 칭찬하는 삶이 꼭 완벽한 형태는 아니야
너를 얽매는 한계들을 벗어던져도 돼

네가 아닌 다른 사람이 될 필요 없어
단점도 장점도 모두 너일 때 의미 있는 것이니까

「사랑하게 될 줄 알았어」, 천지혜

사람이 준 상처가 사람으로 아물 때

사람으로 상처를 극복하는 건 최악의 방법인 동시에 최고의 방법이다. 그리고 이때 잊지 말아야 할 것이 있다. 내게 상처를 준 사람은 지나간 기억 속에 있지만 내 상처를 보듬는 사람은 지금 내 옆에 있다는 것.

「내 하루도 에세이가 될까요?」, 이하루

쨉실하게 일할래요

삶은 '초이스(선택)'의 연속인 것 같지만 그 안을 채우는 건
수많은 '컨펌(확정)'과 '컨택(접촉)'이다. 더군다나 '좋아요'가
돈이 되고 인기가 되는 세상은 컨펌과 컨택, 즉 '타인의
인정'에 더욱 굶주리게 만든다. 나를 찾는 과정조차 누군가의
'좋아요'를 받아야만 힘이 되는 아이러니한 세상. 가끔
헷갈린다. 나는 내가 선택한 삶을 사는 걸까.
타인에게 인정받는 삶은 선택권을 쥔 인생처럼 보인다. 인기로
인해 가진 게 많을수록 선택권을 쉽게 빼앗길 수 있는데도
말이다.

『내 하루도 에세이가 될까요?』, 이하루

쾌락주의자의 고백

난 이렇게 생각해. 내가 아직 유명하지 않아서 다행이다. 왜냐하면 나는 계속 더 발전하고 있거든. 아직 보여줄 사람이 많다는 게 되게 좋아. 그 지점이 나를 되게 설레게 만들어. '아직 나를 모르는 사람이 더 많다!'

「우리 대화는 밤새도록 끝이 없지」, 허휘수·서솔

남에게 열등감을 느끼는 자신이 미운가요?

열등감을 바라보는 태도를 바꿔보자. 열등감 자체가 문제되진 않는다. 열등감을 활용해 자신의 목표를 성취할 수 있도록 잘 관리하는 게 중요하다. 열등감을 인지하고 긍정적으로 잘 관리하면, 자신도 모르는 내면의 에너지를 찾고 좋은 방향으로 사용할 수 있다.
그 에너지가 삶의 활력이 되지 않을까?

「나를 지키는 매일 심리학」, 오수향

사람들 앞에서 실수할까 봐 늘 노심초사입니다

단 한 번의 실수만으로 지나치게 자책하거나 완벽한 사람이
되기 위해 종일 신경을 곤두세울 필요는 없다. 스스로 완벽한
사람이 아니라고 생각할 수도 있다. 하지만 중요한 것은
단 한 번의 실수로 당신의 평판이 달라지지 않는다는 점이다.
완벽하지 않은 우리는 완벽해지기 위해 늘 계획을 세우고,
최선을 다했더라도 혹시나 일어날 수 있는 변수에 불안해한다.
완벽해지려는 마음은 우리에게 강박감을 느끼게 한다.
완벽하지 않음을 인정하고, 완벽해지려는 자신에게 스스로
말해줄 필요가 있다.
괜찮다, 다 괜찮다, 완벽하지 않아도 정말 괜찮다.

『나를 지키는 매일 심리학』, 오수향

껄끄러운 사람과도 잘 지내고 싶어요

껄끄러운 상대가 어디에나 있기 마련이다. 그는 머릿속에서 당신을 부정적으로 규정짓고 있을 확률이 높다. 이 생각을 어떻게 바꿀 수 있을까? 대화로 변화를 이끌어내려는 시도는 큰 의미가 없다. 편견이 이미 자리 잡은 탓이다. 대신 사소한 선의의 행동을 요청해 보자. 그러면 그는 인지적 부조화를 해소하기 위해, 당신에 대한 부정적인 생각을 본능적으로 수정할 것이다.

「나를 지키는 매일 심리학」, 오수향

실행력을 높이고 싶나요?

타인의 기대나 관심이 일의 능률과 결과를 향상되도록 만든다는 피그말리온 효과와도 유사하다. 재미있는 점은 목표를 타인에게 알릴 때뿐만 아니라 자기 자신에게 말하는 것도 효과가 있다는 것이다.
"나는 할 수 있는 사람이지!"
"나는 분명 목표를 달성할 거야!"
"난 의지가 강한 사람이니까 결국 해낼 거야."

『나를 지키는 매일 심리학』, 오수향

실패를 극복하고 싶나요?

실패와 좌절로 인해 인생이 밑바닥에 도달한 것 같다고 느낀다면 이제는 다시 올라갈 일만 남았다. 자기 조절력과 대인관계력, 긍정성을 높이는 연습을 꾸준히 해보자. 노력하는 사이 단단한 회복탄력성이 생기고, 절망적인 상황을 벗어나 훨씬 더 성숙해진 자신을 발견하게 될 것이다.

「나를 지키는 매일 심리학」, 오수향

문제가 생겼을 때 긍정적으로 대처하고 싶어요

실패와 좌절을 겪고 있는 사람일수록 긍정적인 언어 습관이 절실하다. 무기력에서 벗어나 학습된 낙관주의를 갖는다면, 언젠가 장밋빛 미래가 펼쳐질 것이 분명하다. 난관을 극복할 기회는 낙관주의자들에게 주어지기 때문이다.

「나를 지키는 매일 심리학」, 오수향

나 자신이 못나 보이나요?

스스로 가치가 없다고 느끼는가? 자신이 실패자로 보이는가? 나는 사랑받을 자격이 없다고 생각하는가? 그런 생각이 드는 이유는 사실이어서가 아니라, 당신이 완벽주의의 덫에 걸렸기 때문이다. 완벽주의 망상을 걷어내면, 찬란히 빛나는 자신을 발견할 수 있을 것이다.

「나를 지키는 매일 심리학」, 오수향

부자 갈등, 다름을 인정하세요

삶에 명확한 정답은 없다. 물질과 의미 둘 다 중요하다는 사실도, 공동체와 개인이 모두 중시되어야 함도 당연하다. 서로 다르다면 해법은 역시 꾸준한 소통밖에 없다. 소통이 제대로 이루어지기 위해선 상대의 의견에 귀 기울이고, 서로에게 공감하려 노력해야 한다. 역지사지가 필요할 때다. 입장을 바꾸어 생각하면 상대를 이해할 수 있다. 사랑만 하기에도 짧은 세대와 부모 세대가 함께할 수 있는 시간은 그리 많지 않다.

『회복하는 마음』, 박상희

마침내 발견할 당신의 '빛'을 놓지 마세요

고통과 두려움 속에서 낙담하고 의지를 상실한 이들에게 상황을 바꾸어 주지는 않으면서 비난하거나, '파이팅'만 외치는 것은 폭력의 연장선이 될 수 있다. 그들이 왜 포기해야 했는지, 왜 숨었는지, 무엇이 두려운지 알아보려 하고, 물어보고, 도와준 후에 그들의 손을 잡아 세상에 나올 수 있도록 이끌어야 한다. 지금 이 시간에도 컴컴하고 외로운 자신만의 동굴에 숨어 있는 이들에게 더 따뜻한 관심과 사랑이 필요하다.

「회복하는 마음」, 박상희

무사한 행복은 어디에서 비롯되는가

행복을 주는 친밀한 관계를 형성하기 위해 우선 자신과
친밀하게 지내야 한다. 스스로를 싫어하는데 어떻게 타인에게
다정할 수 있을까? 마음속 사랑의 우물이 메말라 버린 상태로
사랑을 나누어 줄 수는 없다. 자기 자신을 아끼고 사랑하는
것이 행복이라는 종착역으로 가기 위한 첫걸음임을 명심하자.

「회복하는 마음」, 박상희

질투심에 상대방이 망하길 바란다면

우리는 누구나 자신에게 집중해야 한다. 세상에서 가장 소중한 존재는 나 자신이 되어야 한다. 하나뿐인 유일무이한 '나'를 두고 다른 이에게 몰두해 사는 것은 어리석은 시간 낭비에 불과하다.

「회복하는 마음」, 박상희

열등감 사용법

문득 열등감이 생길 때, 상대 역시도 나와 동시대를 살아내고 있는 사람임을 잊지 않으려 한다. 그 사람이 늘 나보다 잘나가고, 그 사람의 성공이 늘 나보다 커서 나에게 그늘을 드리우는 것 같을 때면 떠올릴 사실이 있다.
그 역시 누군가가 터준 길을 따라 밟는 이이며, 동시에 새로운 길을 다지고 있는 사람이라는 사실을 말이다. 각자가 다른 모양으로 발자국을 보태다 보면 열등감은 사그라들고 어느덧 동지애 비슷한 든든함이 몰려온다. 우리는 서로에게 시혜자이자 수혜자가 될 수 있다.

『당신을 읽느라 하루를 다 썼습니다』, 공백

아무것도 극복하지 마세요

어쩌면 어떤 것은 영영 극복할 수 없을지도 모른다. 우리는 모두 조금씩 연약하고 부족한 부분이 있는 사람이기에. 그런 약점을 일일이 극복하기보다, 곧장 웃음거리가 되거나 불편을 감수하지 않도록 사회 전반적인 시스템과 감수성을 바꾸는 것이 더 중요하다. 굳이 극복하지 않아도 누구나 잘 살 수 있어야 한다.
일곱 번 넘어져도 왜 여덟 번째 일어나지 않냐고 다그치고, 남이 흘리는 피가 웃기다고 박수 치는 세상에서 이제 서로의 깨진 무릎을 들여다볼 때다. 우리는 좀, 그만 이겨내도 된다.

『아니 근데 그게 맞아?』, 이진송

지금 '너'에게 가고 있어

한 사람의 세계는 필연적으로 편협하다. 우리는 물리적 한계가 뚜렷한 몸에 기거하며 경험이 선을 그어놓은 범위 안에서 살아간다. 니체의 말처럼 인간은 유리잔에 빠져 그 안에서 보고 느끼는 세상이 전부라고 생각하는 파리다. 그래, 우물 안 개구리, 그거. 하지만 서로의 우물과 하늘을 공유할 때, 울타리를 조금씩 무너뜨릴 수 있다. 서로의 세계를 확장하며, 당연하다고 여긴 관습과 폭력을 넘어설 수 있다.

「아니 근데 그게 맞아?」, 이진송

가장 거짓되고 가장 진실된

사람들은 자신의 이름에 제 얼굴을 준다. 관련된 두 단어를 연결하는 퀴즈처럼 나의 존재는 이름과 일대일로 매칭된다. 이름이라는 명사가 '무엇이라고 말하다'라는 뜻의 동사 '이르다'에서 파생된 것을 생각해 보면, 명칭만으로도 부르는 사람이 대상을 어떤 마음으로 바라보는지 가늠할 수 있다. 결국 이름을 듣고 당사자를 떠올리는 일이란 그의 유일함을 되새기는 것과 같다.

「어제 그거 봤어?」, 이자연

필사를 마치며

이 책을 덮는 지금,
당신은 이미 한 걸음을 더 내딛고 있습니다.
손끝으로 따라 쓴 문장들 사이에서
조용히 빛나는 마음 하나를 발견하셨을지도 모릅니다.

필사를 마치며 가장 오래 머문 문장, 새롭게 알아차린 내 마음
그리고 내일의 나에게 건네고 싶은 말을 천천히 적어보세요.

당신의 하루에는 조금 다른 온도가 스며 있을 것입니다.
그 따뜻한 변화가 오래도록 이어지길 바랍니다.

이 책에 참여한 도서들

| 목록 | |

『취향껏 살고 있습니다』 …………………………… 지은
『오래전부터 이렇게 말하고 싶었어』 ……………… 최갑수
『내가 잘 지내면 좋겠어요』 ………………………… 에린남
『사랑하게 될 줄 알았어』 …………………………… 천지혜
『꼭 재밌는 일이 일어날 것만 같아』 ………………… 아방
『이십팔 독립선언』 …………………………………… 강세영
『제주는 잘 있습니다』 ……………………………… 엄지사진관
『살 만한 것 같다가도 아닌 것 같은』 ……………… 삼각커피
『누구나 한 번쯤 계단에서 울지』 …………………… 김나랑
『완전 (망)한 여행』 ………………………………… 허휘수·서솔
『당신을 읽느라 하루를 다 썼습니다』 ……………… 공백
『타이틀이 필요할까』 ………………………………… 장재인
『딸은 애도하지 않는다』 …………………………… 사과집
『사연 있는 그림』 …………………………………… 이은화
『아니 근데 그게 맞아?』 …………………………… 이진송
『운명이라는 힘』 ……………………………………… 임선영

『좋은 걸 보면 네 생각이 나』 ········· 청민
『당신이 나와 같은 시간 속에 있기를』 ········· 이미화
『제 마음대로 살아보겠습니다』 ········· 이원지
『메밀꽃 부부 세계일주 프로젝트』 ········· 김미나·박문규
『가끔 집은 내가 되고』 ········· 숲뚜
『낯선 일상을 찾아, 틈만 나면 걸었다』 ········· 숲뚜
『혼자, 천천히, 북유럽』 ········· 리모 김현길
『여행이 멈춰도 사랑은 남는다』 ········· 채지형
『나를 사랑할 결심』 ········· 박한평
『내 마음은 누가 간호해 주나요』 ········· 최원진
『운명은 아직 결정되지 않았다』 ········· 오왕근
『내 하루도 에세이가 될까요?』 ········· 이하루
『우리 대화는 밤새도록 끝이 없지』 ········· 허휘수·서솔
『나를 지키는 매일 심리학』 ········· 오수향
『회복하는 마음』 ········· 박상희
『어제 그거 봤어?』 ········· 이자연

오늘도, 마음 한 줄 문장 필사

초판 1쇄 2025년 12월 15일

엮은이   편집부

발행인   유철상
기획   김정민
편집   편집부
디자인   노세희, 주인지
마케팅   조종삼

펴낸곳   상상출판
출판등록 2009년 9월 22일(제305-2010-02호)
주소   서울특별시 동대문구 왕산로28길 37, 2층
전화   02-963-9891(편집), 070-8854-9915(마케팅)
팩스   02-963-9892
전자우편 sangsang9892@gmail.com
홈페이지 www.esangsang.co.kr
블로그   blog.naver.com/sangsang_pub
인쇄   다라니
종이   ㈜월드페이퍼

ISBN 979-11-6782-607-7(03800)
ⓒ2025 상상출판

※ 가격은 뒤표지에 있습니다.
※ 이 책은 상상출판이 저작권자와의 계약에 따라 발행한 것이므로
   본사의 서면 허락 없이는 어떠한 형태나 수단으로도 이용하지 못합니다.
※ 잘못된 책은 구입하신 곳에서 바꿔 드립니다.